LE VAIN TRIOMPHE DES JESUITES.

M. DC. XCII.

LE VAIN
TRIOMPHE
DES JESUITES

DANS LEUR LIBELLE INTITULE':

Satisfaction donnée par Sa Majesté Tres-Chrestienne à MR. ANTOINE ARNAULD *sur les Plaintes qu'il a faites & qu'il a à faire pour la défense des Iansenistes de Doüay contre l'Abbé de la Croix Antoine A. A. A. &c. le faux-Arnauld.*

IL est difficile de ne se pas élever de la victoire la plus juste & la plus innocente; mais une victoire injuste & criminelle ne manque jamais d'estre suivie du faste & de l'insolence. Le seul titre de ce Libelle en est une preuve, & on y voit un genre d'orgueil & de vanité tout à fait insupportable. Des Religieux, aprés avoir surpris la justice d'un Grand Prince par leurs intrigues & leurs artifices, pour faire servir son autorité à leurs méchans desseins, ont encore la temerité de faire servir son Nom Auguste à la vanité de leur Triomphe. Ils ne voyent pas ces pau-

vres Peres que leur triomphe est leur honte, & qu'aprés avoir remporté ce malheureux
avantage dont ils paroissent si enyvrez, en
faisant terminer une cause toute Ecclesiastique par l'autorité seculiere, rien n'est plus
effronté ni plus contraire au respect dû à la
Majesté Royale, que de faire gloire dans le
titre d'un Libelle d'avoir vaincu leurs adversaires par cette voye.

Si on pouvoit avoir accés au Roy, on se
garderoit bien de parler publiquement de cette playe, contre son intention & contre l'in-
clination de son cœur, aux droits sacrez de
l'Eglise ; & on se contenteroit d'en porter
aux pieds de son Trône de tres-humbles &
tres-soumises Remontrances. Mais toutes les
avenuës sont fermées, & il ne reste que la
voye d'un Ecrit public, qui peut passer jusqu'au Prince, pour faire comprendre à sa Religion & à sa Pieté le sens de cette belle parole, dite par un grand Evêque à un grand Empereur : * *La Pourpre fait des Roys & des
Empereurs, mais elle ne peut faire des Evêques,* ni donner des Juges à l'Eglise. *Purpura
enim Reges, nequaquam Sacerdotes facit.* Je
prens la liberté de te dire, parce que *Rien*

___

* *S. Ambroise à Theodose.* Neque Imperia-
le est libertatem dicendi denegare, neque Sacerdotale quod sentias non dicere. ... si qui-
dem hoc interest inter bonos & malos Principes, quod boni libertatem amant ; servitutem
improbi. *Ambros. Ep.* 40 *ad Theodos. Imp.*

n'eſt plus digne de la grandeur Royale que de ne pas refuſer la liberté de parler, ni rien de plus indigne du Sacerdoce que de n'oſer le faire.... & *qu'une des differences qui ſe trouvent entre les bons & les méchans Princes, eſt que les bons aiment la liberté ; & les méchans la ſervitude.*.... C'eſt donc honorer ſon Roy comme un bon Prince, que de parler avec liberté de ce qui regarde ſon ſervice & ſes intereſts : & ce ſeroit avoir une idée indigne de ſa bonté que de ſe taire, quand il eſt neceſſaire de parler. Si ma liberté paſſe pour indiſcretion dans l'eſprit des Sages du monde, peut-eſtre que mon indiſcretion ſera plus utile qu'une ſageſſe ſans voix & ſans parole.

Je feray donc quelques Remarques ſur le Libelle que les Jeſuites ont répandu dans le monde pour annoncer au public l'iſſue de l'af- faire de Douay ; parce que rien n'eſt plus ca- pable de faire connoître leur eſprit & leur cœur, que de conſiderer comment ils abu- ſent de la confiance du Roy pour extorquer des graces que ſa pieté n'accorderoit jamais ſi elle n'eſtoit ſurpriſe, & de quelle maniere ils abuſent de ces graces meſmes par l'air triomphant dont ils les publient. Cette joye qu'ils font éclater par tout, & qu'on voit dans les Extraits de leurs Lettres qu'ils donnent au Public, eſt une nouvelle preuve de la part qu'ils ont eue à la fourberie. Ce ſont eux *qui ont ſemé le vent* du menſonge & de la calomnie, *& ils moiſſonnent les tempeſtes*

& les orages qu'ils ont fait fondre sur leurs
adverſaires. Ainſi s'ils ont eu aſſez de credit pour faire violer en leur faveur cette Regle du droit , émanée des Conciles, des Papes & des SS. Peres . *Que perſonne ne doit ja-*
mais profiter de ſa fourberie , de ſa fraude ni
de ſon menſonge ; le Public au moins en tire
cet avantage qu'il n'y a plus lieu de douter
que ce ne ſoient les Jeſuites qui ſoient les
auteurs de la fourberie de Douay.

Cui prodeſt ſcelus ,

Is fecit

Ecrits des Ieſuites.

Satisfaction *(a)* donnée par ſa Majeſté
Tres-Chreſtienne *(b)* à M. Antoine
Arnauld *(c)* ſur les Plaintes qu'il a
faites & qu'il a à faire *(d)* pour la
défenſe des Janſeniſtes de Douay *(e)*
contre l'Abé de la Croix *(f)* Antoine A. A. A. &c. le faux - Arnauld. *(g)*

„ ENfin , MM. la grande Affaire des
„ Theologiens de Douay ſi connus par
„ les Plaintes de Monſieur Arnauld , eſt ter-
„ minée. [*h*] Ces Meſſieurs en receurent la
„ nouvelle le premier jour de Carême. [*i*]
„ Un Courier depeſché expreſſement par Mr.

de Bagnol Intendant de Lille arriva à Douay "
fur les dix heures du matin, & il fut auſſi-toſt "
porter un Paquet à Monſieur le Delegué ou "
Sous Intendant. Celuy-cy n'eut pas plûtoſt "
lû les Lettres , qui luy eſtoient adreſſées "
avec les Ordres du Roy , qu'il envoya ſes "
gens porter des Lettres de cachet [*k*] à "
Mrs. les Janſeniſtes De Laleu , Rivette, "
Malpaix & De Ligny. [*l*] Ces Lettres por- "
toient à châque l'Ordre de Sa Majeſté de "
ſortir de Douay , & d'aller inceſſamment "
aux Lieux qui leur eſtoient marqués , le "
Docteur De Laleu au Mans le Profeſſeur "
Rivette à Coutance ou Conſtance en Nor- "
mandie , Monſieur le Chanoine Malpaix à "
Xaintes , & le fameux de Ligny à Tours "
en Touraine, [*m*] pour apprendre des Evê- "
ques ce qu'ils y devoient faire. Quant aux "
Srs. De Malpaix Curé de Brillon , & aux "
deux freres de Mr. Rivette , on leur com- "
mandoit de ſortir du Royaume. [*n*] On "
ne peut exprimer l'étonnement de ces Meſ- "
ſieurs , & de tous leurs Amys, [*o*] à qui le "
grand ſilence de la Cour avoit fait croire "
que leur méchante cauſe eſtoit oubliée ou "
en fort bon eſtat. [*p*] Cependant il falloit "
obeïr , & ils n'eurent que deux heures de "
temps pour trouſſer bagage [*q*] & pour "
dire les adieux. "

Le temps eſtoit court , mais encore le "
Courier qui avoit apporté ces Ordres preſ- "
ſoit-il leur départ , pour qu'il pût s'en re- "
tourner à Lille, les aiant vû ſortir de Douay, "

A v

„ comme il en avoit le commandement. Ils par
„ tirent donc tous une heure aprés midy, &
„ allerent loger au Village de Lambre trois
„ quarts d'heure de la Ville, excepté Mon-
„ sieur de Laleu, qui ne faisant que de se
„ relever d'une grosse maladie, & les Me-
„ decins aiant jugé qu'il estoit incapable de
„ faire son voiage, eut la permission de le
„ differer de quelques jours. Cette execution
„ faite, [r] on fit une grosse reprimende par
„ Ordre du Roy à un Ecclesiastique conside-
„ rable, pource qu'aiant sçu les premieres
„ intrigues & demarches de ces Jansenistes,
„ il n'en avoit pas averti la Cour. [s] Aprés
„ quoy, Monsieur le Sous Intendant ordonna
„ de la part de Sa Majesté à Messieurs les
„ Chanoines de saint Amé d'assembler leur
„ Chapitre ; il y entra & demanda s'ils n'a-
„ voient pas fait tenir de l'argent à Mon-
„ sieur Gilbert en son exil ? Pour le mieux
„ sçavoir, il voulut qu'on luy fit voir les re-
„ gistres, & n'ayant rien decouvert, il se
„ contenta de défendre aux Chanoines de *par*
„ *le Roy*, d'envoier aucun argent aux exilez.
„ [t] C'est ce qui s'est fait à Douay.

„ Au même temps Messieurs les Vicaires
„ Generaux de Tournay, reçurent une Let-
„ tre de Monsieur le Marquis de Barbezieux
„ Ministre d'Estat qui leur mandoit que le
„ Roy estoit fort satisfait de leur conduite,
„ & qu'il les remercioit de leur zele & des
„ soins qu'ils avoient pris pour purger le Dio-
„ cese du Jansenisme. [u] Ce Ministre les

exhortoit à pourfuivre , & leur ordonnoit "
de citer de la part du Roy pour comparoî- "
tre inceffamment devant leur tribunal tous "
ceux qui avoient eu part aux intrigues des "
Janfeniftes de Douay , [x] foit qu'ils fuf- "
fent du Diocefe de Tournay , ou de celuy "
d'Arras. [y] Leurs noms eftoient marquez, "
quelques Religieux de Douay , [z] les "
Sieurs A. Vville Licentié de l'Univerfité de "
Douay , Jean Bruneau Bachelier , Le Sieur "
Bertrant Profeffeur du Seminaire de Tour- "
nay , Monfieur Farvaques Pafteur de la "
Magdelaine , les Curez des Villages de "
Hem , de Vves , d'Erres , & quelques au- "
tres Ecclefiaftiques , dont les noms ne font "
pas encore publiez , eftoient de ce nom- "
bre. Tous ces fauteurs & defenfeurs du par- "
ty de Monfieur Arnauld doivent rendre "
compte de leur doctrine, [aa] y eftre re- "
pris de ce qu'ils ont dit ou fait du paffé , & "
ferieufement avertis qu'on veillera fur eux, "
& au cas qu'ils donnent dorefnavant de "
nouveaux fujets de plaintes , que le Roy "
ne pourra pas s'empefcher de leur faire "
reffentir les effets de fon indignation. "

Les chofes n'ont pas plûtoft efté connuës "
dans le Public , que les gens de bien en ont "
remercié Dieu & beni le Roy d'avoir éloi- "
gné de l'Univerfité de Douay ceux qui "
avoient entrepris de corrompre la pureté "
de fa Doctrine , chaffé ou corrigé quelques "
mauvais Pafteurs , & fait entendre à tous "
fes fujets qu'il ne pardonnoit rien en ma- "
tiere de Religion. "

,, Dieu fasse que les Puissances voisines
,, poursuivent avec autant de zele les Re-
,, formateurs & Jansenistes de leur Païs. [*bb*]
,, Mais que dira Monsieur Arnauld , luy
,, qui a demandé que l'affaire se traitât de-
,, vant le Juge naturel des Parties & qu'elle
,, se terminât dans une Justice reglée ? [*cc*]
,, Niera-t'il que le Roy ne soit le Juge
,, de ces Messieurs ? [*dd*] ou répondra-t'il
,, que la Justice n'a pas esté reglée ? [*ee*] les
,, Pieces & les preuves ont esté fournies
,, au Procés par le faux-Arnauld , [*ff*] &
,, Sa Majesté Tres-Chrêtienne les a fait
,, examiner par Monsieur l'Archevêque de
,, Paris , & par des Docteurs de Sorbon-
,, ne. (*gg*)
,, Fera-t'il de nouvelles Plaintes? (*hh*) osera-
,, t'il dire encore que ces Messieurs de Douay
,, sont *des Brebis innocentes & de pieux*
,, *Theologiens?* (*ii*)
,, Pour ici , on est tres-persuadé que celuy
,, qu'il a traité de fourbe , d'enchanteur , de
,, sorcier , de sacrilege , c'est à dire *le faux-*
,, *Arnauld* , a rendu bon service aux Catho-
,, liques. (*kk*)

Cét Extrait est tiré de plusieurs Lettres
écrites de Douay , de Lille & de Tournay
le 20. & 21. Février 1692.

REMARQVES.

a *Satisfaction donnée , &c.*] Ils se sont

mépris dans ce titre ; il le faut corriger & le mettre ainſi : SATISFACTION que les Ieſuites ſe ſont donnée eux-mêmes en delivrant par le moyen de leur credit & de leurs calomnies, le faux-Arnauld fourbe & voleur inſigne, & en condamnant la juſtice & l'innocence dans les Theologiens de Douay. *Non hunc, ſed Barrabam.*

b *Par ſa Majeſté Tres-Chrêtienne*] le Roy n'a pris de part en cette affaire, que parce que les Ieſuites l'ont trompé, comme les ennemis de ſaint Athanaſe, de S. Chryſoſtome & de S. Flavien, tromperent autrefois les Conſtantins, les Arcades & les Theodoſes. Jamais Prince ne fut ſi bien ſervi que S. M. pour les affaires de l'Etat & de la Guerre; jamais aucun ne le fut ſi mal pour les affaires de l'Egliſe & de la Religion. C'eſt qu'il connoît parfaitement les premieres par luy même, & que pour l'execution de ſes deſſeins, il a dans ſes Conſeils & dans ſes Armées l'élite de ſon Royaume ? au lieu que pour les affaires Eccleſiaſtiques, qu'il ne peut connoître par luy même, il ne voit rien que par des yeux étrangers, & qu'il ne prend conſeil que de deux hommes dont tout le monde connoît les engagemens & les intereſts; ayant dans ſon Royaume ce qu'il y a de plus grand dans l'Egliſe pour la ſcience, la droiture, & la pieté. Si ce Grand Prince ouvre un jour les yeux il n'aura pas aſſez de toute ſon indignation pour faire ſentir à ceux qui ſurprennent ſa Religion, ce que c'eſt que d'abuſer de la confiance de ſon Roy & de ſon

Bien-faiteur. Mais helas ! Arcade & Theodofe le Jeune moururent avant que d'être détrompez:& le Grand Conſtantin ne le fut qu'un peu avant ſa mort. Et le plus illuſtre defenſeur de la foy de l'Egliſe, exilé par le Liberateur même de l'Egliſe, ne fut rappellé par le jeune Conſtantin, ſuivant les ordres de ſon Pere, qu'aprés la mort de ce premier Empereur Chreſtien.

c *A M. Antoine Arnauld.*] Comme c'eſt ici le Triomphe de la Societé, il falloit bien qu'au moins le nom de M. Arnauld y ſervît de trophée de leur victoire ? puiſqu'ils ne l'ont pas en leur pouvoir pour l'attacher à leur char de triomphe. On voit par là qu'ils ne ſçauroient oublier leur premier deſſein, & que leur principal but eſtoit de faire paſſer M. Arnauld pour le fondateur de la nouvelle Egliſe de Douay. Le faux-Arnauld, ce nouvel Herode n'avoit entrepris de perdre tant d'Innocens, que par l'eſperance d'envelopper dans leur perte le ſeul qui luy eſt échapé. Il veut neanmoins qu'on ſçache que c'eſt de luy qu'ils triomphent, au moins en effigie, & en inſultant à ſon nom.

d. *Sur les Plaintes qu'il a faites & qu'il a à faire*] Quand on n'écrit que pour defendre la verité & l'innocence, le ſuccés en eſt toûjours heureux ; parce qu'on fait ſon devoir en leur rendant le témoignage qu'on leur devoit, & en obeïſſant à l'ordre de Dieu. On n'arreſte point par là la violence des enfans du ſiecle ; mais on inſtruit les enfans de

Dieu, & on empêche qu'ils ne foient feduits
& engagez par les artifices de la calomnie,
ou à entrer dans les deffeins des méchans,
ou à fe porter à des jugemens temeraires &
defavantageux à l'innocence de leurs freres.
Omnia propter Electos Les Apologies qui
fe publierent dans les premiers fiecles pour
la Religion Chreftienne n'ont point empêché
les Chreftiens d'eftre perfecutez, mais elles
les ont foutenus dans la perfecution. Ainfi
M. Arnauld n'a fujet que de loüer Dieu de la
benediction qu'il a donnée à fes Plaintes. Il
compte pour rien ce que les hommes charnels
appellent de mauvais fuccés; parce qu'il fçait
que les enfans de la Promeffe ne doivent compter que fur le fiecle à venir, & n'attendre en
ce monde que ce que Dieu y a donné à fon
propre Fils, la Croix & l'humiliation.

e *Pour la defenfe des Janfeniftes de Douay*]
Ceux à qui il infulte font Janfeniftes, on l'a-
voüe : mais il faut diftinguer. Ils le font
fenfu Thomiftico, cela eft vray : car ils font
oppofez aux erreurs de Molina, & ennemis
de la Morale corrompuë des Jefuites, & ils
font profeffion de foûtenir la doctrine de
l'Ecole de S. Thomas fur la grace de Jesus-Christ efficace par elle-mefme,
& touchant les principes de la Morale Chrê-
tienne. Ils font Janfeniftes, *fenfu Jefuitico* ;
cela eft faux, parce qu'il eft faux qu'ils
foûtiennent les erreurs condamnées dans
les cinq Propofitions par les Papes Inno-
-cent X. & Alexandre VII. ni qu'ils ayent

une Morale cruelle & outrée, comme on le leur impofe.

f. *Contre l'Abbé de la Croix.*] Ce n'eft pas fans quelque providence que ce Jefuite auffi-bien que l'auteur du fragment de Lettre, attribué fauffement au faux Arnauld par l'Avertiffeur, prend *l'Abbé de la Croix* pour *l'Abbé de S. Croix* Peut-eftre cet Ecrivain affecte-t-il de n'avoir pas veu les Lettres du faux-Arnauld. S'il en a eu quelque autre raifon, c'eft à luy à nous le dire.

g. *Le faux Arnauld.*] Comme tout ce titre eft ironique, & doit eftre entendu à contrefens, le vray fens eft celuy-ci : *La fentence donnée par le Roy Tres Chrêtien contre M. Arnauld en faveur du faux-Arnauld.* Et en cela le Jefuite qui l'a fait commet une double infolence qui feroit puniffable, fi la punition d'un Jefuite eftoit de ce monde. Car il eft entierement faux que le Roy ait rien fait contre M. Arnauld, qui n'a point pris la liberté d'adreffer aucunes Plaintes à S. M. & qui n'eftoit point en caufe, ne s'eftant adreffé à M. l'Evefque d'Arras, que par maniere d'exhortation & de follicitation, non par une Requifition juridique, ni par voye de procés. Il impofe donc au Roy par ce premier menfonge vifible. Mais le fecond eft encore plus injurieux & plus contraire au refpect dû à la Majefté Royale : puifque c'eft faire le Roy Protecteur du plus grand fourbe de nos jours, & vouloir autorifer d'un Nom fi Augufte la plus infame fourberie dont on ait oui parler

dans l'Eglise. Or on est bien asuré que quelque artifice & quelque credit qu'ils ayent eu
pour engager ce Grand Prince à condamner
les Theologiens de Douay, ils n'ont jamais
pû luy faire approuver la fourberie, & on
sçait que S. M. s'en est declarée ouvertement.
C'est donc une temerité & une insulte pleine
d'ingratitude, de menager si peu l'honneur
du Roy, aprés l'avoir engagé, pour leurs
interests, à souffrir qu'on fist sous son nom
ce qui est tout à fait contraire à sa bonté & à
sa justice.

h. *Enfin la grande affaire. . . . . . est termi-*
née.] Non, non elle n'est pas terminée, au
moins en dernier ressort. Elle doit passer par
les mains d'un Juge, qui examinera de nou-
veau les jugemens des hommes, qui humi-
liera les calomniateurs, & accablera à son
tour par sa justice ceux qui ont accablé l'innocence par leur credit sans aucune forme de
jugement, sans aucune ombre de justice. Il
est vray toutefois en un sens que l'affaire de
Douay est terminée, mais elle n'est pas ju-
gée. Ces Theologiens peuvent dire avec
Isaie : * *Le jugement nous a tourné le dos, &*
la justice nous a abandonnez. . . . . . .la veri-
té a esté en oubli & l'innocent a esté livré
en proye. Le Seigneur l'a vû & il a reconnû
qu'il n'y avoit plus de justice au monde. Il
a vû avec estonnement que personne ne s'op-
posoit à l'injustice. . . . . . .Il s'arme donc luy-

même de sa justice comme d'une cuirasse & il
se prepare à se vanger &c.

I. *Ces Messieurs en reçûrent la nouvelle le*
premier jour de Carême.] Cette circonstance
doit consoler ceux qui entrent dans la tenta-
tion & dans l'épreuve au mesme-temps où
nostre Sauveur fut comme livré au Diable
pour estre tenté. Heureux s'ils sont fideles
dans ce combat à l'exemple de leur Chef,
en refusant d'adorer le tentateur dans ceux
qui font ses œuvres ; en se nourrissant dans
leur retraite de la parole de Dieu , & en prenant garde à ne le pas tenter , & à ne pas de-
sirer d'estre delivrez de ce qu'ils souffrent
par des voyes qui ne soient pas conformes à
leur devoir.   Car ce ne seroit pas se de-
livrer ; ce seroit se precipiter par le défaut
de confiance en la bonté de Dieu.   Mais
malheureux ceux qui font à leur égard ce que
fit le diable dans le desert envers nôtre Seigneur.

K. *Lettre de cachet*] Voilà à quoy ont esté
reduites toutes les procedures de justice , &
toutes les solemnitez des jugemens Ecclesiastiques dans cette affaire. Les Jesuites ont
grande raison de s'en tenir à ces formes : car
dans une procedure reguliere la verité auroit
trop d'avantage, & le mensonge seroit trop à
l'étroit. *Ils ont peur* , peut on dire avec
Lactance, * *que la verité venant à se faire*
entendre ils ne fussent forcez d'en demeurer

* *Lact. l. 5. c. 1.*

convaincus & d'y donner les mains. Le meil-
leur parti pour eux eſtoit donc de faire beau-
coup de bruit, de s'étourdir eux mêmes pour
ne point entendre la voix de la verité, & de
fermer les yeux à ſa lumiere que nous leur
preſentons, pour n'en étre point frappez.
Rien ne fait mieux voir qu'ils deſeſperent
eux-mémes de ſe pouvoir défendre pour la
raiſon, & ils ne refuſent de rien examiner
ni de plaider dans les formes, que parce
qu'ils ſont perſuadez qu'on les vaincroit ſans
peine. C'eſt pourquoy en renonçant à toute
voye de diſcuſſion & d'examen.

Pellitur e medio Sapientia;
vi geritur res.

La raiſon eſt proſcrite, & l'on fait tout par
force ; *comme dit Ennius. Et parce qu'ils*
veulent condamner comme coupables ceux
qu'ils ſavent bien qui ſont innocens ; ils em-
peſchent que leur innocence ne ſoit miſe en
évidence, & ne ſe faſſe connoiſtre. Comme ſi
c'eſtoit une plus grande injuſtice de condam-
ner l'innocence connuë, que de la condamner
ſans la vouloir ni entendre ni connoiſtre.
Mais, comme je l'ay déja dit, ils ont peur de
ne nous pouvoir condamner s'ils nous donnent
audience.

1. *MM. les Janſeniſtes De Laleu, Rivette,*
Malpaix & de Ligny.] Voilà les quatre prin-
cipales victimes immolées à l'ambition & à
la vangeance de la Societé. *A ſon ambition :*
car il faut pour ſa gloire qu'elle envahiſſe
toutes les Univerſitez catholiques, & ſur tout

celle de Douay , où la Faculté de Theologie donna au Molinifme , dés fa naiffance , un coup mortel par fa celebre Cenfure de 1588. Il faut renverfer cette efpece de Pyramide , auffi ignominieufe au Molinifme , que celle de Jean Chaftel l'eftoit à la Morale parricide de la Compagnie. Il faut enfevelir & l'Univerfité & fa Cenfure fous les mefmes ruïnes , pour élever deffus une Univerfité toute Jefuitique , & y mettre en honneur le Molinifme qui y fouffre depuis plus d'un fiecle une fletriffure fi honteufe. C'eft à quoy tendoit la fourberie ; mais elle fût demeurée fans fuccés & fans fruit , fi la violence n'eftoit venuë à fon fecours. Il eftoit neceffaire de chaffer de Douay ceux qui eftoient les plus capables de s'oppofer à cette nouvelle conquefte , & de diffiper les Theologiens les plus cachez à la doctrine de cette favante Faculté. C'eft ainfi que depuis trois ans ils en ont fait l'effay à Marfeille , quand par l'établiffement de leur nouvelle Theologie , ils ont entrepris de ruïner l'Univerfité d'Aix & toutes les autres Ecoles de Theologie de la Ville de Marfeille.

Ces Theologiens ont auffi efté facrifiés à *la vangeance* de la Société : parce que fans compter la refiftance qu'ils avoient ofé faire à fes nouveautez & à fes relâchemens avant la fourberie , ce qui ne fe pardonne point chez eux , la hardieffe qu'ils ont euë d'imputer aux Jefuites cette fourberie mê-

me & de les avoir expofez par là à l'indignation publique , demandoit que leur fentiment éclatât d'une force extraordinaire ,
pour apprendre à vivre à tous les autres
Theologiens.

m. *Le fameux de Ligny à Tours en Touraine.*) Ce Profeffeur n'eft devenu fameux ,
que parce que la fourberie eft fameufe. La
difference qu'il y a & qu'il y aura toûjours,
c'eft que la fourberie fera éternellement infame & infamante pour les Iefuites dans
l'hiftoire ; & que fi les jugemens des hommes font partagez à l'égard de M. de Ligny ,
c'eft que les gens de bien auront pour luy
beaucoup de compaffion ; & que ceux qui
jugent de tout felon l'efprit du monde le bla-
meront d'eftre entré en lice avec ces Peres
avant que de s'eftre rendu habile dans l'art de
fourber & de filouter ; afin d'en éviter les
pieges. * Car on voit bien que cette *vertu
intellectuelle* luy a manqué dans cette occafion , & qu'il n'a pas étudié *les regles & les
preceptes que donne cet art pour arriver cer-
tainement & infailliblement à fes fins.* Mais
on ne peut pas exceller en tout ; & apparem-
ment ce Philofophe avoit le cœur trop droit,
pour avoir l'entendement fi parfait de cette
forte de *perfection* dont l'art de fourber &
de filouter eft la marque felon le P. Senapa

* *Voyez la Conclufion de la Recapitulation
des faits de la fourberie de Douay.*

† *Sunt artes Scholæ*, diſoit il n'y a pas long-temps un autre Jeſuite d'un nom illuſtre à une perſonne de grande conſideration à Anvers , qui luy reprochoit fort ſerieuſement la fourberie de Douay : *Ce ſont* , dit-il , *des adreſſes & des ſubtilitez de l'Ecole* : ou bien, *Ce ſont des arts que nous apprenons dans nos Ecoles.* Car dans celles des Univerſitez on ne ſçait ce que c'eſt : & les Theologiens de Douay ont bien payé & payeront peut-eſtre encore long-temps l'intereſt de leur ignorance dans ces ſortes *d'arts* , ou de *vertus intellectuelles.*

n. *On leur commandoit de ſortir du Royaume*) On voit la peine ; mais on ne voit point le crime. Ce n'eſt pas auſſi l'intereſt de ces Peres d'en parler. On doit donc croire par l'idée qu'on a de la juſtice du Roy , que ces Eccleſiaſtiques ont eſté terriblement calomniez auprés de Sa Majeſté , & qu'on l'a ſurpriſe d'une maniere fort indigne , pour l'engager à punir des Eccleſiaſtiques de merite ſans leur donner lieu de ſe défendre de ces calomnies : ce que les anciens Romains par la ſeule lumiere naturelle connoiſſoient ne devoir jamais faire.

o. *On ne peut exprimer l'étonnement de ces Meſſieurs & de tous leurs amis.*) Et qui

<hr>

† *C'eſt ainſi que s'appelle ce Pere , & non* Senaga , *comme on l'a mis dans la Concluſion de la Recapitulation des faits de la fourberie de Douay* p. 77. & 80.

n'en auroit esté étonné dans un pays où les peuples ne sont point accoûtumez aux voyes de fait , mais à estre jugez par les formes , dans les Tribunaux ordinaires , & selon les loix ? Que si la forme de ce jugement , qui n'en merite pas le nom , a surpris si fort tout le monde , le Public a esté encore plus surpris sur le fond. Car aprés avoir esté convaincu par l'information faite devant luy , de la malice de la fourberie & de l'innocence des accusez , que devoit-il attendre autre chose , sinon de voir éclater l'indignation de S. M. contre les auteurs de cette noire entreprise ; & ceux qu'ils avoient voulu perdre, delivrez de leurs mains , jouïr de leur repos sous la Royale protection, & exercer en paix leurs fonctions ordinaires. Dieu a permis le contraire. Il sçait pourquoy,& jusqu'à quand il le veut souffrir. Il faut adorer ses ordres, & obeïr à ceux du Roy avec une soûmission inviolable.

p. *A qui le grand silence de la Cour avoit fait croire que leur méchante cause estoit oubliée , ou en fort bon estat.*) Cette cause estoit tres-bonne & en tres bon estat par elle mesme : & si cela n'avoit esté on ne l'auroit pas tirée des mains du Juge naturel & ordinaire , qui en estoit saisi , qui en avoit informé juridiquement , qui estoit en estat de prononcer ; pour la mettre en des mains étrangeres , & en rendre le maître un Prelat qui n'en pouvoit estre le Juge , & qui n'a pû rien faire que de fort irregulier dans cette rencontre.

Quant *au grand silence de la Cour* , je ne
sçay en quoy on a pensé. Mais ce qu'on en a
dû penser alors , est que les Jesuites , qui y
sont tout-puissans & qui avoient un interest
capital en cette affaire , n'avoient garde de
l'oublier, & qu'on les auroit bien mal connus
si on se l'estoit imaginé. Et ce qu'on doit juger maintenant de ce grand silence de la
Cour , est qu'il a fallu du temps aux Jesuites
pour dresser leurs pieges , pour mettre en
œuvre leurs calomnies , pour faire valoir
leurs artifices , pour prendre les temps & les
momens favorables , enfin pour conduire tout
ce manege de seduction , en quoi consistoit
toute leur esperance. Mais ce qui est encore
plus vray , c'est que Dieu , Maître souverain de la mauvaise volonté des hommes , ne
leur permét d'accomplir leur dessein , qu'autant & que dans les momens qu'il a ordonnez
par rapport aux siens. Or en voulant laisser
prevaloir le credit des Jesuites à la Cour contre les Theologiens de Douay, il a neanmoins
voulu que ceux cy eussent tout le temps necessaire pour justifier pleinement la pureté de
leur doctrine , & pour mettre dans tout son
jour , la malice de leurs adversaires & leur
propre innocence. Ils l'ont fait de telle maniere , que les vexations qu'on leur peut faire , ne sauroient plus étouffer la verité : & il
leur auroit esté impossible de le faire , si Dieu
par sa sagesse & sa bonté n'avoit arresté durant plusieurs mois l'effet de la mauvaise volonté & des intrigues de leurs ennemis.

q. Que

. q. *Que deux heures du temps pour trouf-*
fer bagage &c.] On voit bien que l'Ecrivain eſt en belle humeur , & que ſon cœur
nage dans la joye. Mais mon Dieu ! qu'eſt-
ce que cette joye aprés un tel ſuccés , ſinon
celle dont parle Salomon : * *Latantur cùm*
malefecerint , & exultant in rebus pef-
ſimis , joye du ſiecle , qui ſera changée en
larmes & en triſteſſe , pendant que la triſteſſe
des Elûs ſe changera en une joye qui n'aura
point de fin.

   r. *Cette execution faite*] Il a raiſon de
parler ainſi. Car tout cela a plus d'air d'une
execution militaire, que d'un jugement Eccleſiaſtique. Et on peut dire que tout a été
execution , ſans qu'aucune procedure ny aucune ſentence ayent précedé.

   ſ. *Parce qu'ayant ſçû les premieres in-*
trigues & démarches de ces Janſeniſtes il
n'en avoit pas averti la Cour.] Cela eſt in-
comprehenſible : car on défie qui que ce
ſoit de marquer que ces Meſſieurs ayent fait
aucunes intrigues , ni rien dont S. M. ait
eu ſujet de ſe plaindre. Il faut qu'il y ait
quelques calomnies cachées ſous ces paro-
les. Il n'y a eu d'intrigues à Douay que celle du faux Arnauld , & luy ſeul les aiant
connues , luy ſeul en devroit porter la peine. Mais il faut que ce qui s'eſt accompli
dans le Chef, le ſoit auſſi dans les membres:
Que non rapui tunc exſolvebam.

   * *Prov.* 2. 14.

t. Il se contenta de défendre, de par le Roy, d'envoyer aucun argent aux exilez.]
On a peine à croire ces circonstances, & plus encore à comprendre l'imprudence avec laquelle ces Ecrivains les rapportent. Mais quel moyen de retenir sa joye dans un tel triomphe. On en a fait par toute la Province des rejouissances & des festes publiques, & les Ecoliers de quelques-uns de leurs Colleges s'en sont senti par des congez extraordinaires. Encore un coup on a peine à croire que le Roy ait donné un ordre qui porte si peu les marques de sa justice, de sa douceur & de sa bonté. A moins que les Jesuites n'ayent eu une permission generale de satisfaire leur vengeance avec tout les agrémens possibles & avec tous les assaisonnemens qui sont le plus à leur goût. Mais quelle indiscretion de publier à son de trompe des circonstances qu'ils auroient dû eux-mesmes cacher, pour ne pas rendre odieuse la conduite d'un Prince à qui ils ont tant d'obligation, & à qui ses ennemis ne manqueront pas d'imputer ce qui ne doit estre attribué qu'aux calomnies & aux artifices des Jesuites. Le Sr. Mauroy est traité à l'Officialité de Paris d'une maniere aussi douce & aussi accommodante, que celle-cy seroit dure & inhumaine. Mais c'est qu'il n'a offensé que Dieu & le prochain ; & que les Theologiens de Douay ont chagriné les Jesuites.

u. Pour purger le Diocese du Jansenisme.]

Il falloit bien que la memoire de feu M. l'Evesque de Tournay fût flétrie , & qu'on traitast son Diocese comme infecté d'erreurs. On en voit bien les raisons. Mais pour les Vicaires Generaux qui sont entrez dans sa bergerie aprés sa mort pour y tout égorger & pour ruiner tous les travaux de ce grand Prelat , ils ne sont dignes que de reconnoissance, que de loüanges , que d'une approbation universelle & éclatante.

x. *Tous ceux qui avoient eu part aux intrigues des Jansenistes de Douay.*] Messieurs de Douay ont demontré avec tant de force & d'évidence la pureté de leur doctrine au sujet des cinq Propositions dans tous les Ecrits Apologetiques qu'ils ont publiez, qu'on ne peut assez s'étonner qu'apres cela les Jesuites ayent la hardiesse de les traiter encore de Jansenistes. On est donc forcé d'en venir à la Réponse du P. Valerien : *Mentiris impudentissimè.*

y. *Du Diocese de tournay ou de celuy d'Arras*] Ce n'estoit donc pas assez d'avoir arraché des mains d'un Evesque du merite de M. d'Arras une cause qui luy appartenoit incontestablement , qu'il avoit instruite , dont luy seul estoit juge en premiere instance ; il falloit encore envoier ses Ecclesiastiques comparoître devant des Vicaires Generaux d'un Diocese étranger pour y recevoir reprimande. Une entreprise si visible contre la disposition des Canons fait peur , & on ne sçait ce qu'on n'en doit point

craindre. Je ne sçay auffi ce qu'en penfe M.
l'Evefque d'Arras ; mais je fçay bien que les
Evefques de France devroient fe plaindre
d'un renverfement fi vifible de la Jurifdiction Epifcopale. Dira-t-on qu'il n'eft plus
temps & que la fervitude eft prefcrite ? Ce
feroit une penfée trop injurieufe à la bonté
& à la juftice de Sa Majefté.

z. *Quelques Religieux de Douay.*] Pourquoy ne les pas nommer ? On n'a pas épar-
gné leur nom quand on les a calomniez auprés du Roy, & on fait femblant de les vouloir ménager aprés qu'on les a proclamez
dans tout le païs. Mais on peut bien dire
que ce font les Carmes Déchauffez , fans
que leur reputation en fouffre. On fçait que
leur zele pour la doctrine de S. Auguftin &
de S. Thomas fait tout leur crime : & ce
crime eft trop beau & trop honorable pour
eftre défavoué. Ce fera toûjours une diffa-
mation glorieufe , que d'en eftre accufé
par les Moliniftes. Le Public portera le même jugement des autres Ecclefiaftiques
qu'on a joint aux bons Peres Carmes Déchauffez.

aa. *Tous ces fauteurs & defenfeurs de M.
Arnauld doivent rendre compte de leur doctrine.*] Le monde eft maintenant accoûtu-
mé à ce langage, on n'a plus befoin de l'ex-
pliquer : & perfonne n'ignore que tous
ceux qui font oppofez au Molinifme, & ont
horreur de la morale corrompuë des Jefuites , font ceux qu'on décrie fous le nom de

fauteurs & de défenseurs du party de M.
Arnauld. Ceux qui parlent ainsi ne laissent
pas d'estre de grands calomniateurs : parce
qu'autant qu'ils peuvent ils donnent de ce
Docteur , plus catholique qu'eux , l'idée
d'un heresiarque qui enseigne une doctrine
contraire à celle de l'Eglise. A cela point
d'autre réponse encore que celle-ci : *Mentiris
impudentissimè*. Mais on a peine à s'empes-
cher de rire quand on voit ces pretendus
fauteurs de M. Arnauld envoiez aux Vicaires Generaux de Tournay pour rendre compte de leur doctrine. C'est justement envoyer à des aveugles pour juger des cou-
leurs. On est bien assuré qu'ils n'entreront
pas bien avant en matiere. Cependant ce
qu'on souhaiteroit le plus de pouvoir faire,
seroit de rendre compte de sa doctrine devant les Juges intelligens & équitables : &
c'est ce qu'on leur refusera éternellement.
M. l'Evesque d'Arras , qui est le seul juge
de la doctrine en premiere instance dans son
Diocese , pour estre demeuré satisfait du
compte que les deux Professeurs de Douay
luy avoient rendu de leur doctrine , & n'a-
voit rien trouvé dans leurs sentimens qui
ne fût conforme à la doctrine de l'Ecole de
S. Thomas, pour cette seule raison, dis-je,
ce Prelat vient d'estre privé de sa Jurisdi-
ction & de sa qualité de Juges dans une des
plus grandes & des plus importantes affaires
qui se soient presentées depuis long temps
dans son Diocese. Il faudroit qu'il fût bien

infenfible , & bien indifferent pour les droits les plus effentiels de fa dignité , s'il ne reffentoit pas vivement un tel afront. Il le fent bien fans doute : mais qui oferoit fe plaindre ? Un feul eft écouté ; un feul fait tout ; un domine fur tous.

bb. *Dieu faffe que les Puiffances voifines, &c*] Cet efprit broüillon & feditieux veut mettre le feu par tout. Il n'eft pas impoffible qu'il y reüffiffe. Mais Dieu en fera le Maiftre.

cc. *Mais que dira M. Arnauld , luy qui a demandé que l'affaire fe traitaft devant le Iuge naturel,& qu'elle fe terminaft dans une juftice reglée ?*] Rien n'eft plus jufte ; mais M. Arnauld n'a pas eu befoin de le demander. L'affaire eftoit tombée d'elle-mefme entre les mains de fon Iuge naturel, qui eft M. l'Evefque d'Arras. D'où vient qu'elle en eft fortie ? La pofterité ne le pourra croire, que fous un grand Prince une caufe Ecclefiaftique , dont le propre Evefque des parties eftoit déja faifi , comme née dans fon Diocefe , luy ait efté arrachée par le credit de l'une des parties , pour la rendre elle-mefme juge dans fa propre caufe. Car il n'y a perfonne qui ne tombe d'accord, qu'eftre , entre les mains des Iefuites , c'eft la mefme chofe.

dd. *Niera-t il que le Roy ne foit Iuge de ces Meffieurs ?*] Où eft donc cette fauffe delicateffe du faux Arnauld, ce heros de la Societé , qui dans la p. 5. de fon Libelle à

un Docteur de Douay , fait semblant de ne
se pouvoir pas mesme accommoder de la
voie de *Denonciation au Pape & aux Evê-*
ques , aux Princes & aux Magistrats ;
quoique rien ne soit plus legitime que
d'avertir par une denonciation publique ,
quand on ne le peut autrement , les Supe-
rieurs Ecclesiastiques & Seculiers des mé-
chantes maximes qui se glissent dans l'E-
glise & dans les Estats , & qui vont à corrompre les mœurs, afin que chacun y reme-
die en la maniere qui luy convient , selon
son caractere & selon la mesure de sa dignité. Mais a-t-il oublié , cet Ecrivain,
qu'à la p. 6. du mesme Libelle on lit ces pa-
roles qui subsistent dans toutes les Editions:
D'ailleurs je doutois que hors les Annales
des Protestàns l'on trouvât aisément des
exemples qui autorisassent la pratique d'é-
riger les Princes Seculiers & les Magistrats
en juges & en arbitres en fait de Religion:
ou, comme les autres Editions , *des diffe-*
rens qui regardent la religion. Il n'y a point
d'autre reflexion à faire sur cela que celle
du Sage : * *Pondus & pondus , mensura &*
mensura , utrumque abominabile est apud
Deum

ce. Où répondra t il que la justice n'a pas
esté reglée ?] Il fait semblant de ne pas sa-
voir ce que c'est qu'une justice reglée ? Elle
est reglée : quand chacun est renvoyé à son

* *Prouv.* 20. 10.

Juge naturel, un Ecclefiaftique à fon propre Evêque : un Seculier aux Juges feculiers déja établis, chacun felon fa qualité. Elle eft reg ée lors que tout s'y fait felon l'ordre judiciaire, qu'on s'y regle par les loix, qu'on y obferve les formalitez de la juftice; qu'on y cite les accufez , qu'on produit les témoins, qu'on examine les preuves, qu'on donne aux parties le moyen & la liberté de fe défendre , qu'on communique de part & d'autre les productions des parties, qu'on confronte les témoins , qu'on fait reconnoiftre les Ecritures par les accufez , quand on prétend fe fervir de leurs Lettres ; en un mot quand on ne condamne perfonne fans l'écouter. Lors qu'on ne fait rien de tout cela , non feulement on eft indigne de la qualité de juge , mais on ne merite pas même le nom de Chrêtien , felon la parole d'un ancien Evefque, que l'Empereur Conftantin preffoit , & fes Confreres avec luy, de condamner Saint Athanafe fans l'entendre : * *Avons nous dû condamner un Innocent , difoit - il à l'Empereur mefme ? Avons nous dû prononcer une fentence contre un abfent , & fans l'Ecouter ? Et fi nous l'avions fait , comment aurions-nous ofé*

* Debuimus damnare innocentem ? Debuimus dare contra abfentem inauditam fententiam ? Et quomodo cum hoc fecifîemus potveramus reperiri Chriftiani ? *Lucifer Calarit. lib. 2. pro S. Athanafio.*

nous vanter encore d'être *Chrêtiens* ? Voilà ce qu'on appelle juſtice reglée , ſoit qu'une cauſe s'examine aux Tribunaux Ordinaires; tels que ſont dans l'Eſtat les Parlemens , les Conſeils , les Préſidiaux ; & dans l'Egliſe le Concile General ou Provincial , le Tribunal du Pape & celuy de chaque Evêque; ſoit qu'on forme exprés un Tribunal par une commiſſion extraordinaire pour une cauſe ſeculiere ou une affaire d'Etat , comme le Roy l'a fait dans celle du calomniateur de Beauvais.

Car de quelque qualité que ſoit le Tribunal , Seculier ou Eccleſiaſtique , ordinaire ou extraordinaire , ſi on n'y garde point l'ordre judiciaire , & ſur tout ſi on n'y écoute point l'accuſé , ſi on l'y condamne ſans forme de procés , il peut dire ce que le Grand Theodoret diſoit de la maniere dont il avoit eſté luy-meſme condamné : *Voilà,* diſoit il , *comme nous traitent non ſeule-lement nos ennemis déclarez ; mais meſme ceux que nous devions regarder comme nos amis. Attaquez par les uns , trahis par les autres nous ſouffrons ce qu'il y en a peu qui aient ſouffert Car qui a jamais oüi parler d'un tel jugement ? Qui a jamais commandé à des Juges de condamner un criminel abſent Quel Juge a jamais eſté ſi cruel & ſi barbare que de condamner des accuſez ſans les entendre ?*

ff. *Les pieces & les preuves ont eſté fournies au procés par le faux-Arnauld.*] Quoy

par un Invisible , un inconnu , ou Fourbe
notoire , qui durant un an a supposé à M.
Arnauld un grand nombre de Lettres , qu'il
a écrites sous le nom de ce Docteur ? Et qui
sçait qu'il n'en a pas fabriqué autant sous le
nom des Theologiens qu'il accuse , & si ce
ne sont pas là les pieces & les preuves qu'il
a fournies au procés ? A qui des accusez
a-t-on fait reconnoistre ces papiers ? Où est
le procés verbal , où sont toutes les formalitez si sagement établies dans ces rencon-
tres ? Que n'a-t-on pas droit de croire d'un
tel personnage ? Et qui ne voit qu'il porte
sur son front , s'il en a un , des causes de
reculation si publiques & si honteuses , que
c'est n'avoir aucune pudeur que d'oser le
nommer dans une affaire de justice. Et cependant c'est le seul qui paroist ici comme
le denonciateur , l'accusateur , le témoin,
& on peut mesme dire le Juge. Car on a sui-
vi si exactement tout ce qu'il desiroit , &
tout ce qu'il avoit interest qu'on fist contre
les accusez , qu'on diroit qu'il a dicté luy-
mémé la sentence de leur condamnation.

Mais quand cet invisible seroit le plus
honnête homme du monde , a-t-on jamais
reçû dans un jugement des preuves de la
main d'un invisible ? connoit-on des ac-
cusateurs qui refusent de se montrer , de
soûtenir en face leurs accusations , de faire
valoir leurs preuves, d'estre confrontez aux
accusez ? Si cela estoit une fois reçû les Tribunaux les plus sacrez deviendroient des

coupes-gorges pour les perſonnes les plus innocentes ; * *Latrocinium , non judicium,* comme le rapporte un auteur payen d'un Evêque condamné de cette maniere. *Quis enim innocens eſſe poterit ſi accuſare ſuf-ficiat ?* Il faut bien pourtant qu'on ait crû qu'il ſuffiſoit que les Theologiens de Douay fuſſent accuſez pour eſtre coupables , puiſ-qu'on s'eſt contenté d'écouter leur accuſa-teur pour les condamner ; qu'on a reçû de ſa main toute décriée, toute recuſable qu'el-le eſt devenuë par tant de fauſſetez , les pieces & les preuves qu'il a voulu produire, ſans appeller les accuſez , ſans leur donner lieu ni de voir en quoy elles conſiſtoient, ni de produire les pieces juſtificatives de leur innocence. Ce qui eſt un défaut ſi eſſentiel dans les jugemens , que la citation des ac-cuſez eſt regardée par les Juriſconſultes comme le fondement de toutes les proce-dures juridiques , meſme dans les choſes les plus notoires, comme remarque le Car-dinal Jacobatius : & que ſelon le ſentiment des plus habiles Canoniſtes , ni le Prince, ni le Pape , ne peuvent , non pas même dans les crimes de leze-majeſté , porter un jugement legitime ſans faire citer le cri-minel. † *Nec nos contra inauditam partem*

* *Ammianus lib* 14. *Idem lib.* 18.

† *Adrian.* 2. *Epiſt ad Synod. Duziacen-ſem.*

aliquid poſſumus definire : dit le Pape Adrien II. aprés le Grand S. Gregoire, *Nemo condemnat abſentem* ; dit auſſi le Concile General de Calcedoine, ou plutoſt toutes les loix divines & humaines , tous les Conciles & tous les Papes , tous les Juriſconſultes & tous les Canoniſtes.

Ce qui augmente encore icy l'injuſtice de la procedure, ſi on peut dire qu'il y en ait eu, c'eſt que le faux-Arnauld qui ſeul a eſté écouté, ou en ſa perſonne, ou dans *ſes pieces & ſes preuves qu'il a fournies au procez,* * eſt de l'aveu des Jeſuites un des adverſaires & des ennemis declarez de ces Theologiens accuſez. † Le P. De Uvaudripont , qui eſt luy-même le faux Arnauld, le dit en termes exprés dans ſa Lettre ; & quand il ne le diroit pas , on ne laiſſeroit pas de le voir. Or quelle idée peut-on avoir d'un jugement où l'accuſateur n'oſe paroître, où les ennemis ſont les témoins, où les accuſez ne ſe peuvent défendre ? ¶ *Si nous conſultons les loix publiques , diſoit* S. Ambroiſe en une ſemblable occaſion, *elles exigent qu'il y ait un accuſateur Si on examine celles de l'Egliſe, elles veulent*

* *Ils ſe communiquoient à un de leurs* adverſaires.

† Lettre du P. de Uvaudripont.

¶ *S. Ambr. Ep. 5. ad Synagr.*

qu'on ait la disposition de deux ou trois témoins ; mais témoins qui n'ayent point esté
depuis peu ennemis des accusez ; de peur
que quelque ressentiment ne leur inspire le
desir de nuire , ou qu'une offense reçuë ne
les porte à la vengeance   Il faut donc que
les témoins n'ayent aucune amertume dans
le cœur ; mais il faut aussi qu'avant toutes
choses l'accusateur se montre & se produise
en justice.   Le contrepied de tout cela ,
c'est justement ce qui s'est fait dans ce procez.

gg. *Sa M T. C. les a fait examiner par
M. l'Archevesque de Paris & par des Docteurs de Sorbonne.*] Cela veut dire que les
Jesuites voyant que leurs affaires n'iroient
pas bien a leur gré , si elles demeuroient
dans le cours ordinaire de la justice , & entre les mains de M. l'Evêque d'Arras, Juge
naturel de cette affaire , ils on fait retirer
la cause de ses mains , par un coup d'autorité souveraine , pour la mettre dans celles
d'un Prelat qui n'a pas plus de droit d'en
juger que l'Archevêque de Tolede.   Ce
n'est pas que M. d'Arras dût leur estre sus-
pect. Il leur témoigne de l'amitié. Ils
paroissent d'ailleurs fort contents de sa conduite, sur tout, parce qu'ils pretendent qu'il
a decouvert * *que le Jansenisme n'est pas
un phantôme & declaré qu'il y a des Jansenistes au monde* , ce qui est le plus grand

* Lettte à Mr. Arnauld pag 62.

service qu'on puisse rendre à la Societé. Ils
le loüent comme *un grand Prelat , sage ,*
vigilant , d'un discernement égal à son zele
& à sa pieté : & le P. Payen ne peut s'empêcher d'avoüer que † *c'estoit là la justice*
reglée où cette affaire devoit estre traitée.
Pourquoy donc l'a t-on arrachée de ses
mains pour en attribuer la connoissance à
un Prelat qui n'avoit aucun droit d'en connoître ? On n'en sçauroit rendre d'autre
raison, que celle-ci : c'est que la cause du
faux-Arnauld est la cause des Jesuites , &
que cette cause estoit si desesperément mauvaise, honteuse, insoutenable qu'il n'y avoit
pas moyen de leur faire gagner leur procez , qu'en renversant toute la justice ; &
qu'il ne leur suffisoit pas d'avoir un Juge
ami, qu'il en falloit un tout devoüé , qui
fust partie dans la cause, qui eust interest
d'entretenir dans l'esprit du Roy le phantôme du Jansenisme, & qui eust tous les engagemens les plus forts & les plus publics
à bien servir la Compagnie dans sa grande
affaire.

Quand M. l'Archevêque de Paris seroit
Patriarche de l'Eglise Gallicane , encore
n'auroit il pas droit de s'attribuer le jugement des affaires en premiere & derniere
instance, comme il l'a fait en cette occasion. Les causes ne seroient portées à son
Tribunal que par les degrez ordinaires de

† Rep. du P. Payen pag. 5.

Jurifdiction, & on auroit au moins la con-
folation d'eftre jugé dans les formes & felon l'ordre canonique. Mais ici tout cet
ordre eft aboli, tous ces degrez aneantis,
toutes les formes renverfées , tout reduit
au jugement & à la difcretion d'un feul
Evêque. Et fi cette procedure a lieu à l'a-
venir, comme elle ne l'a eu que trop par le
paffé, tous les autres Evêques feront dé-
poüillez de leur jurifdiction , obligez de
fermer leurs Tribunaux à leurs propres Ecclefiaftiques qui auront recours à leur juftice pour ces affaires de doctrine & autres
qui y ont rapport, & forcez de les renvoyer
& les livrer à un Juge étranger , publiquement lié d'intereft avec leurs parties & leurs
ennemis declarez. Autrefois un tel renverfement des droits de l'Epifcopat auroit fou-
levé toute l'Eglife, les Evêques en auroient
efté indignez , ou en auroit prévenu les
fuites funeftes par de juftes plaintes portées
au Prince avec tout le refpect que doivent
de fages & fideles Sujets , mais auffi avec
tout le fentiment & toute la fermeté que
demande la dignité Epifcopale , flétrie &
bleffée dans un endroit fi fenfible , & fou-
lée aux pieds d'une maniere fi publique.
Ce n'eft donc plus l'affaire des Theologiens
de Douay, c'eft la caufe de M. l'Evêque
d'Arras, c'eft en fa perfonne la caufe de tous
les Evêques de France, de tout l'Ordre Epif-
copal , de toute l'Eglife : & jamais il n'y
eut plus de fujet de fe mettre devant les

yeux les saintes Ordonnances du second Concile de Troyes composé de huit Archevesques de France & d'un grand nombre d'Evesques qui avoient à leur teste le Pape Jean VIII. Ce Concile defend, d'une part, les accusations furtives & clandestines contre les Ecclesiastiques, comme n'étant bonnes qu'à opprimer des innocens ; & qui font aujourd'huy la source des troubles & des vexations dont l'Eglise est affligée : Et d'une autre part, il ordonne aux Evesques de se secourir mutuellement quand quelqu'un d'eux souffre quelque traverse ou quelque prejudice dans sa personne ou dans sa dignité : *Que les Evesques*, dit le Canon, 4. *ne s'imaginent pas qu'il leur soit permis en aucune maniere de negliger les vexations de leurs Confreres & leurs Collegues dans la dignité Sacerdotale, ni les maux que souffrent les Eglises ; mais au contraire qu'ils ayent grand soin de s'unir étroitement les uns avec les autres, afin qu'armez de force & de zele, & pleins de la vigueur Apostolique, ils soient en estat de combattre en corps pour la maison d'Israël, c'est à dire pour l'Eglise de* Jesus-Christ. C'est l'intention & l'esprit de l'Eglise, aussi éloigné de toute broüillerie & de tout ce qui est contraire à la fidelité & à la soumission duë au Souverain, qu'il est opposé à toute lâche complaisance, & à cette indifference qui laisse faire à l'ambition tout ce qu'il luy plaist.

Cet Ecrivain joint à M. de Paris dans l'examen de cette affaire *des Docteurs de Sorbonne.* On ne doute pas que M. de Paris n'ait pu trouver quelques Docteurs, Seculiers ou Reguliers, qui auront eu la complaisance de donner leur censure sur la These, & de la declarer pleine d'erreurs, ou si vous voulez d'heresies, en prenant les termes ambigus dans les plus mauvais sens. Mais quand la complaisance, ou la crainte de passer pour Jansenistes, n'y auroient point eu de part, il aura esté fort aisé de surprendre des Theologiens qui n'auront rien sçu de toute cette damnable intrigue, & à qui on aura presenté la These toute seule, sans les Explications qui determinoient l'ambiguité des termes à des sens tres-catholiques. Et ce qui fait juger qu'on l'a fait de cette maniere, c'est que le faux-Arnauld, qui a esté servi à son gré, le vouloit ainsi, comme on le voit dans son pretendu fragment donné par l'Avertisseur. Or on a fait voir que rien n'estoit plus injuste que de separer les Explications d'avec la These ; estant faites pour n'en estre point separées. Quoy qu'il en soit des Docteurs de Sorbonne, que l'on cite sans les nommer, on sçait de bonne part qu'il y en a des plus considerables & des plus autorisez, qui ont refusé nettement d'examiner cette These independemment des explications en question, & qu'ils n'ont voulu prendre aucune part à cet affai-

re , la regardant comme un myſtere d'iniquité.

hh. *Fera-t-il de nouvelles Plaintes ?*] Il
n'a plus de Plaintes à faire pour luy-même ſur cette affaire. Ses ennemis ont eſté
obligez de luy ajuger eux-mêmes tout ce
qu'il pouvoit deſirer pour ſa propre juſti-
fication au ſujet de la fourberie. Mais quel
ſujet n'ont point & luy & tous ceux qui
aiment la verité , la juſtice & l'innocence,
non de ſe plaindre , mais ſelon la parole
du Prophete , † *de rugir comme des Ours,*
de ſoupirer & de gemir comme des Colom-
bes ; parce que nous attendons un jugement,
& il n'en eſt point venu ; nous eſperions le
ſalut , & le ſalut s'eſt éloigné de nous. Et
comme dit un autre Prophete, * *Si l'on juge*
d'une affaire , c'eſt la paſſion qui la decide ;
les loix ſont foulées aux pieds , & le mé-
chant l'emporte ſur le juſte , le coupable ſur
l'innocent.

ii. O*ſera-t'il dire encore que ces Meſ-*
ſieurs de Douay ſont des Brebis innocentes
& *de pieux Theologiens ?*] Plus que jamais,
puiſque leur innocence n'a jamais eſté dans
un ſi grand jour qu'elle y eſt maintenant,
& que ceux qui les accablent la publient
eux-mêmes par leur conduite plus haute-
ment que ces Theologiens ne l'ont fait,

† *Iſaie* 59. 11.

* *Habac.* 1. 3.

& n'auroient pû le faire encore par tous les Ecrits les plus convaincans. Car s'ils avoient esté coupables , & qu'on eust eu en main dequoy les faire condamner dans les formes , c'estoit un si grand avantage pour leurs adversaires de le faire par cette voye, qu'ils se seroient bien gardez de s'en priver, eux qui ont toutes les Puissances favorables , & qui de leur propre aveu avoient un juge à souhait, *Sage , vigilant, d'un discernement égal à son zele & à sa pieté ,* & de plus qui vit tres-bien avec eux. Qu'ont-ils donc apprehendé pour se tirer de ses mains , sinon son équité & sa droiture ? Quel motif ont ils pû avoir de renverser toutes les loix & tout l'ordre de la justice , sinon la crainte de succomber à la justice mesme, & de se voir accablez par la force de toutes les loix ? C'est le jugement que le public en portera : & s'il est forcé d'avouer que les Jesuites ont pris de fort bonnes mesures pour écraser par voye de fait ces Theologiens , & pour les mettre dans l'impuissance de se défendre ; il reconnoîtra aussi qu'ils n'en pouvoient prendre de plus justes ni de plus infaillibles pour mettre la cause de leurs adversaires en estat de n'avoir plus besoin de défenseurs : puisqu'ils se rendent eux-mêmes leurs Apologistes & leurs Avocats en mettant leur innocence dans la plus grande évidence où elle pouvoit estre mise. Mais ce ne sont pas eux qui l'ont fait ; c'est Dieu , qui malgré

eux a conduit à ses fins leur mauvaise volonté. Car quand on considere d'un costé
la puissance presque sans bornes de cette
Compagnie, sous qui tout le monde trem-
ble ; & d'un autre, leurs adversaires sans
credit, sans protection, sans appuy : Quand
on envisage la nature de l'affaire, toute
Theologique ; les qualitez du Juge naturel,
ses dispositions à l'égard des Jesuites, les
loüanges que ceux-ci luy ont données ; l'af-
surance qu'ils ont qu'il n'est nullement pre-
venu pour ceux qu'on appelle Jansenistes ;
les avances qu'il avoit faites pour l'instru-
ction de l'affaire ; l'estat où elle se trouvoit;
& qu'avec tout cela ces Peres n'ont pas crû
estre en sureté entre ses mains, mais que
pour s'en tirer ils n'ont point eu honte de
faire violer ouvertement toutes les regles
de la justice, d'engager un Prince aussi Religieux que le Roy à se rendre Juge dans
une cause purement Ecclesiastique, eux qui
par l'employ qu'ils ont auprés de sa Sacrée
Personne auroient esté obligez de l'en dé-
tourner, s'il s'y estoit porté de luy même :
Quand on voit encore que pour toutes
procedures juridiques on se contente de
faire examiner quelques papiers fournis
par un Inconnu convaincu de la plus insigne
fourberie, à un Archevêque qui n'en peut
estre Juge ni en premiere instance, ni par
appel : Quand, dis-je, on considere tout
cela sans prevention, on ne peut s'empêcher
de dire sans hesiter, que ces Theologiens

ónt esté accusez & traitez fort injustement,
& que leurs ennemis mesme ont trouvé
leur innocence à l'épreuve de toute la ri-
gueur de la justice : & qu'au contraire le
faux Arnauld & ses complices, se sont sen-
tis tellement coupables , qu'ils n'ont pas
crû pouvoir éviter d'estre condamnez dans
une justice reglée & au Tribunal du Iuge
naturel de l'affaire, quelque favorable qu'il
leur pust estre. Par cette voye , que la
Providence a fait tourner à l'avantage de
l'innocence , ces Theologiens en même-
temps qu'ils sont écrasez en leurs personnes,
sont pleinement absous dans leur cause devant le public ; & leurs adversaires , convaincus par une fuite si honteuse & par une
procedure si extraordinaire , d'estre les auteurs de la fourberie de Douay , & d'avoir
desesperé de s'en pouvoir justifier dans le
Tribunal & devant le Iuge naturel qu'ils
avoient reconnu. Ainsi Dieu fait voir, que
si pour exercer les defenseurs de sa verité ,
il permet qu'ils succombent sous la puissance de leurs adversaires ; il n'abandonne pas
de même ni sa verité, ni leur innocence à
la puissance du siecle : mais qu'au contraire
il se sert de la condamnation même de leurs
personnes pour faire triompher leur innocence, & pour en mettre la verité en estat de
n'estre plus ni ignorée, ni contestée de personne.

KK. *Celuy qu'il a traité de fourbe, de sa-*
crilege &c. a rendu bon service aux Catho-

liques.] Si l'on a esté frappé d'horreur &
d'indignation à la premiere connoissance
qu'on a euë de cette fourberie , & lors que
les mauvais desseins qui en estoient la fin,
n'estoient encore que conçus ; quelle idée
n'en auront point tous les gens de bien,
maintenant que l'iniquité est enfantée , que
le crime est consommé, qu'on en voit toutes
les suites funestes , les injustices ausquelles
elle a donné occasion , & les violences qu'il
a fallu mettre en œuvre pour faire recueil-
lir aux Auteurs de la fourberie le fruit de
leur iniquité. Ils doivent bien s'attendre que
l'indignation du public ne cessera point,
tant que la memoire en subsistera dans l'esprit des hommes , ou dans les histoires publiques. C'est en vain que cet Auteur s'ob-
stine à soûtenir que celuy qu'on a traité de
fourbe, de sacrilege, &c. *a rendu bon service aux Catholiques* , comme il dit en fi-
nissant son Ecrit par cet éloge : jamais les
vrais Catholiques n'en demeureront d'accord , à moins que les Jesuites ne soient les
seuls Catholiques du monde. Ils n'ont pas
mesme le pretexte qu'avoient certains Heretiques d'honorer Judas comme un homme
divin à cause de suites heureuses de son crime , soûtenant qu'il n'avoit livré J e s u s-
C h r i s t à la mort, que parce qu'il avoit
connu combien sa Passion devoit estre salu-
taire aux hommes. Quand la trahison du
faux-Arnauld auroit donc eu des suites avan-
tageuses à l'Eglise (ce qui est tres-faux)

il ne feroit pas plus digne de loüange que
Judas, qui felon la penfée de noftre Auteur,
rendit bon service au Genre humain. * *Ces
Heretiques*, dit S. Auguftin, *font de son
crime un bien-fait* : SCELUS EJUS BENEFI-
CIUM DEPUTANT. A cela prés on con-
fent que le faux Arnauld foit un auffi hon-
nefte homme que Judas.

POUR ce qui eft du Grand Prince dont
l'autorité a fervi contre fon intention aux
deffeins de cet homme de bien par la rele-
gation de ces pieux & innocens Theologiens, auffi bien qu'à la difgrace de beaucoup d'autres, il faut le juftifier comme les
Pères du Concile d'Alexandrie juftifioient
le grand Conftantin de l'exil de S. Athanafe, en difant, comme ils l'écrivoient au
Pape Jules aprés la mort de cet Empereur,
*que ce n'eftoit point luy qui l'avoit banni,
mais que les calomnies de ses adverfaires
eftoient la feule cause de son exil.* A quoy
l'on peut ajoûter, fans l'appliquer à perfonne, ce que dit fur ce mefme fujet le
Bien heureux Theodoret dans fon Hiftoi-
re. (*l. 1. c* 33) *Certes*, dit-il, *personne ne
se doit eftonner que Conftantin trompé par
de faux rapports ait condamné au bannif-
fement des personnes d un si grand merite.
Car il crut trop facilement des Evefques
qui luy déguifoient la verité & qui eftoient
en eux mefmes tout autre chose que ce qu'ils*

* *Auguft Har. 18. Caianorum.*

*luy paroiſſent au dehors Ceux qui ont con-
noiſſance des divines Ecritures , ſçavent
fort bien que David quoy que Prophete , ne
laiſſa , pas d'eſtre trompé. Et ce qui eſt plus
eſtonnant , eſt que celuy qui le trompa n'é-
toit ni Preſtre ni Pontife ; mais ce fut un
de ſes domeſtiques & un valet nommé Sibas
qui ſe rendit delateur de Miphiboſeth devant ce Prince , & qui luy ayant ſuſcité
une accuſation calomnieuſe obtint la con-
fiſcation de l'heritage de ſon Maiſtre infor-
tuné. Ce que je dis , non pour blâmer un ſi
grand Prophete , mais pour faire l'Apo-
logie de cet Empereur , pour montrer la
foibleſſe de noſtre nature, & pour apprendre
à toutes les perſonnes eſtablies en autorité
à ne pas croire entierement aux accuſa-
teurs , quelque creance qu'ils meritent ,
mais à reſerver toûjours une oreille pour
celuy qui eſt accuſé.*

GRAND ROY , pardonnez au zele du
plus ſoûmis & plus fidéle de vos Sujets.
Ce n'eſt pas un crime que la liberté de parler pour l'innocence abandonnée ; s'en ſeroit un au contraire de n'oſer parler pour
elle. Si ceux qui l'accablent par leur credit
s'autoriſent du Nom Auguſte de V. M.
c'eſt cela même qui doit délier la langue de
ceux à qui il appartient le moins de parler:
& ce ſeroit avoir pour ce Nom ſi venerable
un reſpect fort mal-entendu , que de voir
avec indifference qu'on le deshonore par
l'abus que l'on en fait. Toute la grandeur

deur de ce Nom vient de la gloire du
Prince qui le porte, & on ne l'honore ve-
ritablement, qu'autant que l'on est jaloux
de sa gloire. Mais comme celle d'un Prince Chrestien luy vient de sa justice & de
sa pieté, il n'y a rien aussi qui la flétrisse
davantage que les injustices & l'oppression
des innocens qui se font sous son nom,
quelque peu de chose que paroissent aux
yeux du monde ceux qui souffrent sous son
autorité souveraine. * Car c'est du pauvre, & du pauvre qui est sans appuy, que
Dieu se declare le défenseur contre la puissance des Grands de la terre. Il est donc
du devoir de ceux qui aiment moins leurs
propres interests que ceux de leur Prince,
de s'exposer à voir blâmer en eux une liberté qui ne leur convient pas naturelle-
ment, plûtost que de ne luy pas faire con-
noistre par la seule voye qui leur est ouver-
te, ce qu'on fait de leur nom & de leur autorité contre leur intention. J'ay presté,
S I R E, avec d'autant plus de confiance ma
voix à l'innocence, & à ceux qui devroient
parler pour elle, que je me suis flaté de
faire en cela pour Vôtre Majesté ce que les
Constantins, les Arcades & les Theodo-
ses auroient desiré que l'on eût fait pour
eux, quand ils ont connu les surprises qu'on

*Liberabit pauperem à potente & pau-
perem cui non erat adjutor.* Psal. 71.

avoit faites à leur Religion, pour les engager à exiler & à maltraiter les Athanases, les Chryfoftomes, les Flaviens, & d'autres Illuftres Defenfeurs de la Foy Catholique & de la Morale Chreftienne. Car je ne fçay par quel malheur les plus grands Princes fe font laiffé prévenir fur les affaires de l'Eglife & de fes Miniftres par des Evefques & des Preftres qui abufoient de leur confiance. Qu'il eft fâcheux, SIRE, pour la memoire de ces Empereurs, que leurs Succeffeurs ayent efté obligez de revoquer ce qu'ils avoient fait par furprife & par prevention contre les plus grands hommes de l'Eglife, & de demander pardon à leurs cendres des mauvais traitemens que leurs peres leur avoient fait fouffrir. Qu'il leur auroit efté glorieux de reparer euxmêmes par une generofité Chreftienne les fautes qu'ils avoient faites ou par ignorance ou par foibleffe. Combien plus heureux que ces Princes le grand Theodofe, qui repara luy-même plufieurs furprifes d'une maniere fi Chreftienne & fi édifiante. Mais il avoit un S. Ambroife, qui ne luy cachoit point la verité, & qui dans l'occafion luy difoit avec une liberté vraiment Epifcopale : * *Rien ne vous eft plus facile que de défaire ce que vous avez fait ;*

---

* *Tibi integrum eft emendare ; mihi non eft integrum diffimulare.* Ep. 40.

mais il ne m'est pas possible à moy de m'en faire.

Vostre Majesté', Sire, a plus d'un Ambroise dans son Royaume. Je veux dire qu'Elle a des Evesques qui s'étudient à imiter la pieté de ce grand Saint, & qui sont remplis de l'Esprit de Dieu qui l'animoit. Si on ne les voit point à la Cour, parce qu'ils sont continuellement appliquez au troupeau dont Dieu leur a confié le soin, c'est cela même qui merite que Vous les en arrachiez pour un temps, afin de les consulter sur les affaires de l'Eglise. Si le respect leur ferme la bouche, il est de la bonté de V. M. de la leur ouvrir. Commandez leur, Sire, de Vous parler, mais de Vous parler en Evesques, comme en la presence & sous les yeux de Dieu ; de vous parler comme tenant la place de Jesus-Christ & avec la liberté de son Esprit, & comme devant rendre compte à son Jugement de tout ce qu'ils Vous diront, & de tout ce qu'un respect humain leur pourroit faire dissimuler de ce qu'il importe à V. M. de sçavoir. Que de secret, que de mystere d'iniquité seroient alors découverts ! Que de faussetez, que de calomnies sortiroient des tenebres, où elles sont maintenant ensevelies. Combien V. M. se trouveroit-Elle étonnée, de connoître tous les artifices & toutes les intrigues trop réelles & trop veritables, emploiées depuis

quarante ans pour luy faire peur d'une cabale imaginaire , & d'une secte qui ne fut
jamais. Il ne faut pas une demie-heure pour
en convaincre V. M. & la seule fourberie
de Douay , par où ils pretendent prouver
invinciblement que le Jansenisme n'est pas
un phantôme , est ce qui prouve plus invinciblement que c'en est un : puisqu'il est
visible qu'ils n'auroient pas eu recours à un
moien si damnable pour en avoir des preuves , s'ils en avoient eu quelqu'une en main
auparavant ; & que de plus ces preuves
pretenduës sont tellement une pure illusion,
qu'ils n'ont jamais osé les faire valoir dans
un Tribunal reglé , ni les exposer à la lumiere d'un jugement dans les formes.
V. M. connoîtroit alors que ceux qu'on
luy fait passer pour les ennemis de l'Eglise & de sa Personne , sont ceux qui ont
pour l'Eglise un plus veritable attachement,
& pour Vôtre Personne Sacrée un respect ,
un zele , une fidelité plus inviolable. On
luy feroit toucher au doigt , que jamais
surprise ne fut plus indigne , que celle
qu'on a employée pour exciter son indignation contre les Theologiens de Douay.
Leur doctrine, S i r e , est tres-pure, leurs
mœurs irreprochables , leur conduite droi-
te & éloignée de tout esprit de cabale ;
au contraire tout ce qu'il y a eu de cabale & d'intrigue dans cette affaire est
du costé de ceux qui les en accusent. Car

ce font eux qui font les veritables auteurs
de la fourberie de Douay. Ce font eux
qui par une infinité de menfonges & de
calomnies , qu'ils ont mifes en ufage pour
perdre les ennemis de leurs nouveautez
& de leur morale corrompuë , fe font ren-
dus indignes de toute creance : & plus encore par la hardieffe avec laquelle ils ont
trompé V. M. en luy produifant un Inconnu,
au lieu du veritable fourbe , qui n'eft autre
qu'un Jefuite. Cette affaire, SIRE , a des cir-
conftances fi étranges,& d'une fi pernicieufe
confequence pour le repos des vos Sujets,
que j'ofe dire avec tout le refpect que
je dois à V. M. qu'il feroit de fa Juftice de la faire approfondir par des perfonnes fages , qui n'y euffent point d'autre vûe
ni d'autre intereft que de découvrir la verité , & de mettre Vôtre Majefté en eftat de
reconnoiftre qui font les coupables & qui
font les innocens. Permettez moy , SIRE,
de dire à Vôtre Majefté que jamais il n'y
eut d'occafion où il ait paru plus clairement
combien il eft neceffaire que les Roys ne fe
repofent du foin des affaires Ecclefiaftiques
que fur des perfonnes dont la lumiere , la
pieté & le defintereffement foient univerfel-
lement reconnus de tout le monde, & combien il eft dangereux pour le repos de leur
confcience & pour le bien de l'Eglife , que
tout foit entre les mains d'une ou deux
perfonnes qui foient trop étroitement liées

C iij

pour se pouvoir observer & contredire l'un
l'autre dans l'occasion. Vôtre Majesté a trop
de lumiere & de sagesse , pour ne pas voir
aussi que les Ecclesiastiques , dont la cause
est selon les Peres la cause de Dieu , seroient malheureux au prix des Seculiers,
s'ils avoient à estre jugez comme ceux de
Douay l'ont esté ; puis qu'estant tirez des
mains de leur Juge naturel , pour estre li-
vrez à un seul Evéque étranger , qui les ju-
geroit sans formes , sans appel , sans aucun
recours à d'autres Juges , leur bon droit &
leur innocence seroient à la discretion d'un
seul homme , qui peut avoir ses passions ou
ses préventions comme les autres. Au lieu
que le moindre Laïque pour défendre un
petit interest temporel a plusieurs Tribunaux nombreux , où tout se fait dans les
formes , & où les loix luy donnent mesme
droit de recuser les Juges qu'il a raison d'a-
voir pour suspects. Non, S I R E , ce n'est
point l'intention de Vôtre Majesté que l'E-
glise , à qui J E S U S - C H R I S T a acquis la
liberté au prix de son Sang , soit asservie à
un joug si dur & si contraire non seulement
aux saints Canons , mais mesme à l'équité
naturelle. Ce seroit exposer les Ecclesiastiques à la calomnie , sans défense & sans
protection. Ce seroit leur ravir un repos
qui leur est plus necessaire qu'aux autres
Chrétiens , & pour la conservation duquel
Saint Loüis recommanda particulierement à

son Fils d'emploier toute son autorité. Enfin c'est un moyen seur de rendre immor-
telles dans vôtre Royaume les boüilleries
& les contestations que Vôtre Majesté a
déja éteintes une fois , par une Paix qui a
esté regardée comme un des plus glorieux
ouvrages de son Regne. Mais helas ! qu'elle a peu duré cette Paix si long temps de-
sirée ; & cela par les artifices de ceux qui
l'ont cruë contraire à leurs interests & à
leurs desseins. Que Dieu daigne par sa bonté donner à Vôtre Majesté la grace de faire
revivre encore une fois dans son Royaume
cette Paix étouffée par les ennemis de la
Paix. Il n'y a , SIRE , que deux choses à
faire pour cela. La 1. de faire observer in-
violablement tout ce qui y fut établi & reglé
par l'autorité du Saint Siege & par les soins
de Vôtre Majesté La 2. de punir sans remis-
sion & sans acceptation de personne ceux qui
la violeront par des accusations calomnieu-
ses , & de faire examiner ces accusations
par un jugement canonique & dans les formes , selon l'ordre & conformement aux
loix de l'Eglise. Rien , SIRE , n'est plus
digne du Fils Ainé de l'Eglise , que d'emploier son autorité & sa sagesse pour réunir
les enfans de cette Eglise. Rien plus glorieux au premier Roy du monde , que de se
rendre par là l'imitateur de ce Roy paci-
fique qui a apporté la paix au monde en ré-
conciliant par sa Croix ceux qui estoient
C iiij

dans la division. Tant de grandes choses qui rendent si glorieux le regne de Vôtre Majesté meritent d'estre couronnées par un ouvrage si utile à la gloire de Dieu, & capable d'attirer sur toute l'Europe cette autre Paix aprés laquelle tous les peuples soûpirent, & qu'ils attendent du ciel par l'entremise de VôTRE MAJESTÉ.

FIN.

9 782329 490496